Hermetik für Einsteiger

Mit den 7 hermetischen Gesetzen und Universalprinzipien zu positivem Denken, größerem Glück und höherer Lebensqualität

Marie Schönfeld

INHALT

Das erwartet Sie in diesem Buch

Dieses Buch soll Ihnen einen leichten Einstieg in die antike Offenbarungslehre der Hermetik sowie besonders in deren zentrale Aussagen, die sieben hermetischen Universalprinzipien, bieten.

Zu Beginn werde ich den Begriff „Hermetik", seine Herkunft und Definition erläutern. Es folgt ein Kapitel über die jahrtausendealte, geheimnisumwobene Geschichte der hermetischen Lehren und deren Einfluss auf die modernen Naturwissenschaften. Darauffolgend werde ich näher darauf eingehen, wie die Hermetik heute betrachtet und genutzt wird.

Den Hauptteil dieses Buches möchte ich aber den sieben hermetischen Universalprinzipien widmen, sie für Sie entschlüsseln und Ihnen praktische Tipps und Anregungen mit auf den Weg geben, wie Sie diese schon ohne großen Aufwand in Ihren Alltag integrieren und für sich nutzen können.

Jedes dieser Prinzipien beinhaltet eine tiefe Weisheit, die Sie auf Ihrem Weg zu mehr Lebensqualität nicht nur unterstützen, sondern sogar eine transformierende Wirkung entfalten kann. Nicht umsonst verbindet man die Hermetik nicht nur praktisch, sondern auch metaphorisch gern mit der Alchemie.

Lange Zeit ging die Legende um, Alchemisten seien durch Anwendung geheimen Wissens in der Lage, unedle Metalle in Edelmetalle zu verwandeln. Wahr ist, dass Alchemisten sich eingehend mit den Eigenschaften und Reaktionen der Stoffe beschäftigten und daher nicht etwa Gold herstellten, sondern im Grunde frühe Chemiker und Pharmazeuten waren und sogar frühe Vorstellungen von Materie erdachten.

Die Lehren der Hermetik entmystifizieren die Vorstellung der Alchemisten als Zauberkünstler noch weiter, indem sie darauf hindeuten, dass es sich bei der

Alchemie in diesem speziellen Zusammenhang nicht um materielle, sondern um geistige Transformationen handelt, die aber zu mindestens ebenso viel (wenn auch nicht unbedingt materiellen) Reichtum führen können. Es ist also geistige Alchemie gemeint – eine Fähigkeit, die unserer Vorstellung von Magie vielleicht am nächsten kommen könnte. Die sieben Prinzipien, die ich für Sie enträtseln möchte, bergen dieses Wissen und geben Ihnen die Möglichkeit eines Einstiegs in diese Kunst. Sie dürfen gespannt sein.

Einführung – Was ist Hermetik?

Die Hermetik ist eine antike Weisheits- und Offenbarungslehre, deren Entstehen mehrheitlich auf die Zeit um Moses geschätzt wird. Um ihre genaue Geburtsstunde sicher festzulegen, fehlen uns vertrauenswürdige Überlieferungen. Legenden ranken sich allerdings viele um dieses Thema.

Über Jahrtausende wurden die Geheimnisse der Hermetik nur denen preisgegeben, die sich ihrer würdig erwiesen. Erst im Jahre 1908 erschien ein Buch in englischer Sprache, welches die hermetischen Lehren erstmals der Öffentlichkeit zugänglich machte: das Kybalion. Trotzdem blieb das hermetische Wissen exquisit – die im Kybalion preisgegebenen Lehren sind in teils so verrätselter Sprache formuliert, dass wohl nur wenige sie lesend wirklich begreifen können.

Erst das Internet eröffnet heute neue Möglichkeiten: Jeder, der die Lehren gelesen und verstanden, bzw. für sich interpretiert hat, kann sein neu gewonnenes Wissen nun veröffentlichen und weltweit teilen. Heute finden Interessierte zahlreiche Interpretationen und Informationen zu diesem Thema – so viele, dass beinahe schon wieder Verwirrung daraus entsteht.

Die folgenden Kapitel sollen Sie gerade davor bewahren und auf leichtem, sicherem Weg in das Zentrum der geheimen Lehren führen: zu den sieben hermetischen Universalprinzipien. Sie sollen als Gegenstück zu den Gesetzmäßigkeiten der Naturwissenschaften verstanden werden: Wenn die Naturgesetze die Phänomene unserer sinnlich wahrnehmbaren Welt beschreiben und sie so berechenbar und nutzbar machen, so beschreiben die Prinzipien der Hermetik die Gesetze der nichtphysischen Welt, machen auch sie nutzbar für uns und verleihen dem Verstehenden eine ungeahnte Macht zur Transformation seiner Selbst und dadurch auch seiner Umgebung.

Geschichte der Hermetik

Vor vielen Jahrtausenden, mit Sicherheit noch vor den alten ägyptischen Dynastien, soll Legenden zufolge eine mystische Figur namens Hermes Trismegistos in Ägypten gelebt und gewirkt haben.

Tatsächlich ist die Idee dieser Gottesfigur eine Vereinigung aus ägyptischer und griechischer Mythologie. Der Name setzt sich aus Hermes, dem griechischen Schutz- und Botengott, sowie Thot, dem ägyptischen Gott der Wissenschaft und Weisheit zusammen.

Florian Ebeling schreibt in seinem 2018 erschienen Werk „Das Geheimnis des Hermes Trismegistos – Geschichte des Hermetismus von der Antike bis zur Neuzeit" Folgendes über den griechischen Hermes: „*[Er galt als der] Gott der Fruchtbarkeit, der Herden und Weiden, der Gymnastik und der Rede. Als Förderer von Handel und Verkehr wurde ihm die Verehrung der Kaufleute zuteil. Einen eher zweifelhaften Ruhm genoss er als Schirmherr der Diebe. Wie Thot war er der Seelengeleiter der Toten in die Unterwelt, sogar in umgekehrter Richtung. [...] Dieser Grenzgänger zwischen Göttern und Menschen, zwischen Diesseits und Jenseits, war gleichfalls mit der Kraft der Zauberei und Magie begabt.*"

Zu dem ägyptischen Thot trägt er zusammen: *(...) galt Thot als universeller Gott der Weisheit und Verwaltung, als Schutzgottheit der Schreiber. Neben seiner Bedeutung als Erfinder zahlreicher Kulturtechniken, als universelle Kulturgottheit, hatte er auch eine kosmische Bedeutung. Als Mondgott, als Repräsentant der Nachtseite des Sonnengottes wurde er [...] wegen seiner Regelungen der Mondphasen und des Laufs der Gestirne verehrt. [...]*

Im Beisetzungs- und Rechtfertigungsritual, dem Übergang des Verstorbenen ins Totenreich, war Thot neben Anubis für die korrekte Ausführung des

Beisetzungsrituals verantwortlich, er geleitete den Verstorbenen vor die Götter.

Die Weisheit dieses »Dolmetschers Ägyptens« wurde auch im Orakelwesen geschätzt, galt er doch als »Wissender, der das Morgen verkündet und die Zukunft ausspäht, ohne sich irren zu können«. Seine Weisheit und sein Wissen waren so umfassend, dass er als derjenige, »der die Geheimnisse kennt«, »groß an Zauberkraft« ist und deshalb als zaubermächtiger Beschützer vor dem bösen Blick, vor Skorpionen- oder Schlangenbissen verehrt wurde.

Eine Lichtgestalt des altägyptischen Pantheons ist er also, mit einer besonderen Kompetenz für das Schriftwesen und die Wissenschaft. [...] Der »hilfreiche Bote der Götter«, der »mit sämtlichen Menschen und Göttern Gemeinschaft pflegte«. "

Teilweise geht man in der Mythologie sogar davon aus, dass Hermes und Thot zusammengekommen seien, um gemeinsam Schriften über Astrologie, Magie und Alchemie zu verfassen und so ihre Weisheiten mit den Menschen zu teilen. Demnach wäre Hermes Trismegistos eine bildhafte Verkörperlichung dieses Mythos.

Übersetzt heißt Hermes Trismegistos so viel wie „dreifach größter Meister" oder auch „Meister der

Meister". Der populärsten Legende nach soll er tatsächlich existiert haben und er soll es gewesen sein, der die göttlichen Weisheiten empfing und auf Smaragdtafeln niederschrieb, um sie den Menschen zu schenken. Die Alchemisten gehen davon aus, dass es auch Hermes Trismegistos war, der erstmals die alchimistischen Grundsätze klar festlegte. Wer mag nun aber womöglich hinter dieser mystischen Figur gesteckt haben? Ein Mensch?

1554 veröffentlichte in Paris ein französischer Philologe namens Turnebus ein Blatt, das er „Hermetische Schriften" nannte. Sie sollen nicht echt gewesen sein. Dennoch setzte sich Turnebus mit der möglichen Biografie des Hermes Trismegistos auseinander und schrieb dazu Folgendes: *„Hermes Trismegistos war seiner Herkunft nach ein Ägypter; über seine Eltern aber ist nichts bekannt. Er lebte, wie viele Geschichtsschreiber meinen, vor Pharaos Zeit. Andere, darunter auch Cicero, identifizieren ihn mit dem ägyptischen Thot, der auch ein Zeitgenosse jenes Pharao gewesen sein soll, welcher Annahme ich jedoch aus folgendem Grunde nicht beistimme: Thot soll doch ein ägyptischer König gewesen sein, wie Pharao; dann hätte also Ägypten gleichzeitig zwei Könige haben müssen. Daraus ergibt sich, dass Thot entweder vor oder nach Pharao gelebt haben muss.*

Nach ihm aber ist er in der Königsliste nicht zu finden. Also muss er vor ihm gelebt haben, d. h. also auch vor Moses. Wie es heißt, soll er sein Vaterland verlassen und die ganze Welt durchwandert haben, der Tugend und der Weisheit nachstrebend. Er soll die Menschen gelehrt haben, an einen Gott zu glauben und diesen als den Schöpfer und Erzeuger alles Seienden zu verehren. Nach seiner Rückkehr in die Heimat habe er dann viele Schriften über die mystische Philosophie und Theologie verfasst, wovon einige an seinen Sohn Tat, andere an seinen Schüler Asklepios gerichtet sind."

In einer weiteren Ausgabe eines solchen Blattes schrieb Franziskus Flussas 1574 in Bordeaux zu dieser Frage: *„Johannes Functius bezeugt in seinem Geschichtswerke, dass Hermes Trismegistos 21 Jahre vor der mosaischen Gesetzgebung gelebt habe, zur Zeit des Auszuges der Juden aus Ägypten.*

Das dürfte allerdings nicht stichhaltig sein. Denn bei den Alten galt es für ausgemacht, dass dieser Hermes deshalb der dreimal Größte genannt werde, weil er nach der Gepflogenheit der Ägypter als größter Philosoph zum Priestertum berufen worden und als oberster Priester zur Königswürde gelangt sei: als Philosoph, Priester und König heißt er also der dreimal Größte.

Die Altertumsforscher behaupten, es habe mehrere des Namens Hermes gegeben; welcher von diesen aber der dreimal Größte gewesen, lasse sich nicht feststellen. Seine eigenen Schriften bezeugen nun, dass er von Uranos und Kronos abstamme; auch wird er als Erfinder der ägyptischen Schrift genannt. Da nun Moses bereits die ägyptische Weisheit gelernt hat, was ohne Schrift schwer möglich wäre, so muss jener wohl vor Moses gelebt haben. Auch könnte er sonst nicht ein Sohn des Kronos sein, denn dieser lebte zur Zeit des Sarug, des Urgroßvaters des Abraham. Daher müsste Hermes Trismegistos ungefähr zu Abrahams Zeiten gelebt haben."

Bis heute wundert man sich, forscht und diskutiert noch immer auf ähnliche Weise, konnte bisher aber zu keinem sicheren Urteil über die Identität des Hermes Trismegistos gelangen. Teilweise ist man (wie bereits in den Überlegungen des Turnebus) dazu übergegangen, anzunehmen, dass der „dreimal Größte" mit Thot gleichgesetzt werden kann und dass dessen Legende auf die Existenz eines weisen Mannes zurückzuführen ist, der vor langer Zeit tatsächlich die (oder einige) Grundgedanken zur ägyptischen (Geistes-)Wissenschaft gelegt haben soll. Später soll man ihn seiner Weisheit halber vergöttert haben.

Die Weisheiten, die er, wer auch immer hinter der Figur des Hermes Trismegistos gestanden haben mag, den Menschen weitergab, wurden jedenfalls so sehr in Ehren gehalten, dass die Meister sie nur an jene weitergaben, die sich ihrer würdig erwiesen.

Im Kybalion heißt es wörtlich: *„Wenn die Ohren des Schülers bereit sind, zu hören, dann kommen die Lippen, sie mit Weisheit zu füllen."*, oder auch: *„Die Lippen der Weisheit sind verschlossen, ausgenommen für die Ohren des Verstehens."* Ihres Anspruchs auf Erlesenheit halber wurden die Wissensträger der Hermetik häufig kritisiert. Man misstraute den Lehren, die mit solcher Vorsicht behandelt wurden; an etwas, das der Öffentlichkeit derart sorgfältig vorenthalten wurde, musste doch etwas faul sein.

Die Hermetiker waren jedoch lange der Ansicht, dass die Welt für Offenbarungen dieser Größe noch nicht bereit sei, sie entweder nicht verstehen und samt ihren Anhängern verteufeln oder missbrauchen würde. So blieb die Weisheitslehre lange mehr oder minder geheim. Auf diesen Umstand ist auch die wohl jedem vertraute Bezeichnung „hermetisch" zurückzuführen, für etwas, das so fest verschlossen ist, dass weder etwas hinein noch hinausdringen kann.

Ein Aufleben und etwas mehr Popularität erfuhr die Hermetik in der römischen Kaiserzeit. Viele damals entstehende oder wiederentdeckte Schriften wurden auf die synkretistische Gottesfigur des Hermes Trismegistos zurückgeführt und so mit seiner Autorität versehen.

Darunter waren sowohl faszinierende theoretische Werke religiös-philosophischer Natur, in denen es um das Zusammenspiel und die Beschaffenheit von Welt und Seele ging als andererseits auch sehr praxisnahe Schriften von teils recht fragwürdigem Inhalt, die dem Leser konkret nutzbare Naturkenntnisse in Form von magischen und astrologischen Vorstellungen vermitteln wollten. Schriften dieser Art werden heute zusammenfassend „technische Hermetica" genannt. In der Forschung diskutierte man unter anderem darüber, ob es Sinn ergeben könnte, eine Aufteilung in philosophische und technische Hermetik zu unternehmen. Größtenteils ist man jedoch zu dem Schluss gelangt, dass dies historisch betrachtet inkorrekt sei, da es beachtenswerte Überschneidungen beider Formen gebe.

Ob es jemals Kreise organisierter Hermetiker gab, ist heute umstritten. Vielleicht war die Hermetik nur, oder fast nur, ein literarisches Phänomen, das sich hauptsächlich schriftlich durch die Jahrtausende trug und nur von wenigen genutzt und bewahrt wurde. Gut möglich ist andererseits auch, dass die Hermetiker sich zumindest teils organisierten und sich zu Lesungen, Diskussionen oder Ritualen zusammenfanden.

Die Hermetik kann auch als Inspirationsquelle für die modernen Wissenschaften gesehen werden. Pythagoras selbst soll einer der bedeutendsten Vertreter der hermetischen Weltanschauung gewesen sein. Manche Überlieferungen behaupten, er sei auf einer seiner Reisen durch Ägypten den Priestern des Thot begegnet, die ihn daraufhin in die hermetischen Lehren eingeweiht haben. An anderer Stelle wird sogar davon ausgegangen, Hermes Trismegistos selbst sei sein Lehrer gewesen. Sicher ist jedoch, dass sich in den Gedanken Pythagoras' deutliche hermetische Einflüsse finden.

Pythagoras' Lehren wiederum müssen, mitsamt der hermetischen Gedanken darin, maßgeblich Platon geprägt haben, wenn dieser sich nicht sogar selbst mit der Hermetik auseinandergesetzt hat. Platons Schüler Aristoteles trug die Gedanken seines Lehrers wiederum weiter und prägte unsere wissenschaftliche Denkweise bis in die Neuzeit. Zudem war Aristoteles der Erzieher und somit auch Beeinflussender Alexanders des Großen, der um 331 v. Chr. Alexandria gründete – eine Stadt, die über 700 Jahre der Inbegriff der

Zusammenkunft von Wissen und der Weisheit schlechthin war und mit ihrer einzigartigen Bibliothek große Berühmtheit erlangte.

Zusätzlich sorgte die rasche Ausbreitung des im 7. Jahrhundert nach Christus entstandenen Islams dafür, dass viel tendenziell esoterisches Wissen auch in den Okzident einfloss. Im 11. Jahrhundert beschäftigten sich zudem die Tempelritter mit der islamischen Wissenschaft und halfen, das islamische Gedankengut schließlich in ganz Europa unter die Menschen zu bringen.

Auch im Mittelalter fühlten sich einige Menschen von den orientalischen Weltanschauungen inspiriert. Unter vielem anderen trug auch das dazu bei, dass man begann, alte kirchliche Dogmen und Glaubenssätze infrage zu stellen und vernunftorientiert zu neuen Ufern aufbrechen wollte.

In der Renaissance geriet die Hermetik besonders in den Mittelpunkt, vor allem unter den Theologen. Eine lange verschollene und beinahe vergessene Sammlung hermetischer Schriften, das sog. „Corpus Hermeticum", wurde wiederentdeckt und erstmals aus dem Griechischen ins Lateinische übersetzt. Unter den Humanisten der Renaissance sorgte dieses Werk für großes Aufsehen, da man Hermes Trismegistos und dessen Weisheiten als Teil des christlichen Glaubens ansah und entsprechend verehrte. Die Entdeckung, dass das Corpus Hermeticum in der römischen Kaiserzeit entstanden war, bot dem jedoch ein jähes Ende. Es konnte sich dabei also nicht um eine alttestamentarische Offenbarung handeln. In manchen, tendenziell esoterischen Kreisen hielt die Faszination für die gewichtigen Lehren dennoch an.

Sufis (islamische Mystiker) trugen das Wissen um die Hermetik weiter und prägten damit besonders das Rosenkreuzertum, das im 17. Jahrhundert entstand, sowie einige einflussreiche europäische Gelehrte. Unter ihnen waren unter anderem Persönlichkeiten wie Nikolaus Kopernikus, Isaac Newton (der sogar eine der wichtigsten hermetischen Schriften ins Englische übersetzte), Johannes Kepler und Francis Bacon.

Dass Isaac Newton so stark okkultistisch inspiriert war, ist heute kaum bekannt. Tatsächlich war Newton aber sowohl streng gläubig als auch sehr an okkultistisch angehauchten Wissenschaften wie der Hermetik und Alchemie interessiert. Er soll daraus Wissen und Inspiration geschöpft haben, die ihn maßgeblich beeinflussten und wohl auch zu seinen Ideen zu Optik und Gravitation verhalf.

Selbst im Zeitalter der Aufklärung soll also das Vokabular und die Denkweise vieler Naturwissenschaftler hermetisch beeinflusst gewesen sein. Die Wissenschaftler sollen sich der Hermetik als wichtiges Vorstellungswerkzeug bedient haben.

Hermetik heute

Mittlerweile ist die Hermetik jedem zugänglich. Es gibt Mysterien-Schulen, die sich mit der Weitergabe und Erforschung des hermetischen Wissens beschäftigen und es als *die* ultimative Erkenntnis betrachten – den Schlüssel zur Lösung beinahe jeden Problems darin sehen.

Überzeugte Anhänger gehen davon aus, dass das Verinnerlichen der hermetischen Weisheiten sie zur universellen Wahrheit führen und ihnen helfen kann, noch während ihres irdischen Lebens eine paradiesische Welt zu schaffen, die das Göttliche ins Erdenleben integriert. Die Hermetik soll ihnen dabei helfen, sich selbst und die Welt (wieder) als das zu erkennen, was sie sind. Es werden Kurse und Seminare zu diesem Thema angeboten und unzählige begeisterte Auslegungen kursieren im Netz und in Büchern.

An dieser Stelle möchte ich Sie dazu anhalten, bei Ihrer Suche nach weiterführenden Informationen zu diesem Thema ein wenig Vorsicht walten zu lassen. Spüren Sie beim Lesen, Hören oder Schauen aufmerksam in sich hinein, bleiben Sie bei sich und Ihrer eigenen Wahrheit. Lassen Sie sich einerseits inspirieren und, wenn Sie möchten, trauen Sie sich auch, sich auf die neuen Welt- und Seins-Betrachtungen, denen Sie begegnen werden, einzulassen.

Doch verlieren Sie sich nicht darin. Letztendlich liegt alle Wahrheit in Ihnen. Niemand kennt Ihre Wirklichkeit besser als Sie selbst. In Ihrer Welt haben Sie immer das letzte Wort und Sie entscheiden, ob und auf welche Weise diese verändert werden darf.

Der Orden der Rosenkreuzer

Heute finden die Gedanken der Hermetik ihren Ausdruck, neben Mysterien-Schulen, die sich insbesondere der Weitergabe hermetischen Wissens widmen, vor allem in Orden wie dem der „Rosenkreuzer". Der Einfluss der hermetischen Erkenntnisse auf die Rosenkreuzer ist so groß, dass ich beschlossen habe, in diesem Buch auch von ihnen zu erzählen.

Der Verbund der Rosenkreuzer agiert heute weltweit – in Deutschland liegt sein Zentrum in Baden-Baden. Schon immer erregte der mysteriöse Orden (der nicht als religiös, sondern als spirituell betrachtet werden möchte) Aufmerksamkeit. Mal wurden den Rosenkreuzern reformatorische oder gar revolutionäre Absichten nachgesagt, dann wieder wurden ihnen politische Morde oder die Verbreitung von Seuchen angehängt.

Aller Wahrscheinlichkeit nach entstand der Orden im 17. Jahrhundert und fiel erstmals durch drei Texte auf, die ab 1614 erschienen und heute als die Manifeste der Rosenkreuzer betrachtet werden können. Heute geht man auch davon aus, dass die Verfasser eine Gruppe Gelehrter aus Tübingen waren. Das erste Buch trug den Titel „Fama Fraternitatis" (Geschichte/Kunde der Bruderschaft). Darin wird die Geschichte eines gewissen C. R. erzählt, der sowohl alle Weisheitslehren des Orients als auch der Antike studiert haben soll. Er soll, als er versuchte, sein Wissen in Europa zu verbreiten, an der Arroganz und Ignoranz des christlichen Klerus gescheitert sein. Das zweite Buch, die „Confessio Fraternitatis" nennt den Namen des Protagonisten C. R.: Er habe Christian Rosencreutz geheißen und von 1378 bis 1484 gelebt.

In dem Buch heißt es zudem wörtlich: *„Deshalb darf nicht erwartet werden, dass alle, die neu zu uns kommen mit einem Male alle unsere gewichtigen Geheimnisse erfahren werden. Sie müssen Schritt für Schritt vorangehen, vom Kleinen zum Großen und dürfen sich nicht von äußeren Schwierigkeiten abhalten lassen."* Der Verfasser des dritten Buches hieß Johann Valentin Andreae und war ein einflussreicher Theologe, Schriftsteller und Mathematiker. Der Titel seines Werkes lautet: „Die chymische Hochzeit des Christiani Rosencreutz". Darin wird der Einweihungsweg des Protagonisten beschrieben, der schließlich in der Gründung einer Bruderschaft resultiert, die die alten Lehren und Weisheiten sammelt, bewahrt und weiterträgt. Rosencreutz werden einige Regeln mit auf den Weg gegeben, an die er sich zu halten hat:

„I. Ihr Herren Ritter solt schweren, daß ihr ewern Orden keinem Teüffel oder Geist, sondern allein Gott, Ewerm Schöpffer und dessen Dienerin der Natur jederzeit wöllen zuschreiben.

II. Daß ihr aller Hurerey, Unzucht, Unreinigkeit wöllen gehaß sein: Und mit solchen Lastern Ewern Orden nit beschmeissen.

III. Daß ihr durch Ewere Gaben menniglich wer deren werth, und bedürfftig wöllen zu hülff kommen.

IV. Daß ihr solche Ehr nit begehret zu Weltlichem Pracht, und hohem ansehen anzuwenden.

V. Daß ihr nit wöllet lenger leben, dann es Gott haben will. Uber diesen letzten Articul musten wir gnug lachen, mag auch wol nur zum Possen hinzu gesetzt worden sein.

Wie nun dem allem, wir musten bey des Königs Scepter angeloben."

Übersetzt in modernes Hochdeutsch lauten diese Regeln:

1. Ihr Herren Ritter sollt schwören, dass Ihr Euren Orden keinen Teufel oder Geist, sondern Euch allein Gott eurem Schöpfer und dessen Dienerin, der Natur, verschreibt.

2. Dass Ihr alle Hurerei, Unzucht, Unreinheit verabscheut und mit solchen Lastern Euren Orden nicht beschmutzt.

3. Dass Ihr mit Euren Gaben jedem, der es wert und bedürftig ist, helft.

4. Dass Ihr diese Ehre nicht zu weltlicher Pracht und höherem Ansehen anwendet.

5. Dass Ihr nicht länger leben werdet, als es Gott haben will.

Diese Manifeste waren zunächst jedoch nur literarischer Natur und bis dato wenig oder nichts über ihre Umsetzung durch reale Rosenkreuzer bekannt. Da die Fiktion viele Menschen faszinierte, begab man sich auf die Suche nach der Realität, die den Hintergrund dafür bilden musste und versuchte, mit realen Rosenkreuzern in Kontakt zu treten.

Schließlich scheiterte man daran, dass es zu diesem Zeitpunkt noch keine Rosenkreuzer gab oder gegeben hatte. Sie waren tatsächlich nur eine literarische Fiktion. Die Auswirkungen der drei Manifeste auf die europäische Geisteswelt des 17. Jahrhunderts waren erstaunlicherweise trotzdem enorm.

Zu erklären ist dies vor allem damit, dass seit dem Beginn der Reformation durch Martin Luther vielen Menschen das Geheimnisvolle, Mystische im christlichen Glauben fehlte. Zudem ist die Zeit der ersten Religionskriege angebrochen, was bedeutet, dass ein „falscher" Glaube, der im falschen Augenblick zum Ausdruck gebracht wird, verheerende Auswirkungen auf die betroffene Person haben konnte. Geheimbünde und Orden übten daher eine hohe Anziehungskraft auf viele Menschen aus. In ganz Europa verbreitete sich recht schnell das Gerücht um die Existenz einer geheimen Bruderschaft der Rosenkreuzer, der man die fabelhaftesten Fähigkeiten zuschrieb.

Die Krone der Behauptungen bildete die Annahme, die Rosenkreuzer seien im Besitz des „Steins der Weisen", dem man die mysteriöse Kraft nachsagte, seinen Träger unsterblich zu machen.

Der Grund für die plötzliche Popularität des nicht existenten Rosenkreuzertums liegt wohl darin, dass es den Nerv der Zeit getroffen haben muss. Allgemein lässt sich über das 17. Jahrhundert sagen, dass in dieser Zeit einige Akademien und Gesellschaften Gelehrter nach dem Vorbild der antiken platonischen Philosophenschule in Athen gegründet wurden, die Ziele wie die Erziehung der Menschheit und die Verbindung des alten Wissens mit dem Neuen hatten – das Bildungsbürgertum schien sich in dieser Zeit also gerade hierfür besonders zu interessieren. Man muss auch davon ausgehen, dass die seelische Entwicklung der Menschen als Individuen in dieser Zeit der Konfessionsstreitigkeiten und Glaubensdiskussionen tendenziell zu kurz kam.

Die drei Manifeste fielen daher auch für den Einzelnen auf fruchtbaren Boden. Schließlich ging es darin um Toleranz, um die Vervollkommnung geistiger und seelischer Entwicklung und vor allen Dingen sprachen sie von der Möglichkeit, in sich selbst umfassende Weisheit und Erleuchtung zu finden, ohne dabei blind den Anweisungen von Autoritäten Folge zu leisten. Eine große Rolle spielt in den drei Schriften dabei die Alchemie – allerdings Alchemie nicht auf materieller, sondern (wie die Hermetiker) geistiger Ebene, die die Veredelung von Geist und Seele zum Ziel hat.

Im Confessio Fraternitatis wird auch explizit gewarnt vor jenen „*Bücher[n] der falschen Alchimisten, die es für einen Scherz und eine Kurzweil halten, wenn sie entweder die heilige, hochgelobte Dreifaltigkeit zu unnützen Dingen missbrauchen oder mit wunder-seltsamen Figuren und dunklen, verborgenen Reden die Leute betrügen und die Einfältigen um ihr Geld bringen, wie denn viele solcher Bücher in jetziger Zeit herausgekommen und an den Tag gekommen sind, die der Feind menschlicher Wohlfahrt zu dem Zweck unter die guten Sachen vermischet, dass man desto schwerlicher der Wahrheit glaube, weil dieselbe schlicht, einfältig und bloß, die Lüge aber prächtig, stattlich, ansehnlich und mit einem besonderen Schein göttlicher und menschlicher Weisheit geschmückt ist. Meidet und fliehet solche Bücher, die ihr gewitzt seid, und wendet euch zu uns, die wir nicht euer Geld suchen, sondern unsere großen Schätze euch gutwillig anbieten.*"

Diese „großen Schätze", die in den Manifesten der Rosenkreuzer angedeutet werden, waren besonders von den Hermetikern beeinflusst. Man findet aber auch Anteile aus der evangelisch-lutherischen Theologie, Esoterik und Alchemie.

Die neuen Gedanken der gerade erblühenden Naturwissenschaften vermischen sich im Rosenkreuzertum mit alten, geheimnisvollen Weisheitslehren. In den Schriften der Rosenkreuzer findet sich eine Sicht auf die Natur, die für diese Zeit ungewöhnlich war.

Allgemein pflegte man die Natur als getrennt vom Menschen zu betrachten. Die Rosenkreuzer jedoch gingen und gehen noch immer davon aus, dass Mikro- und Makrokosmos eins sind, die Natur also auch im Menschen ist. Auch der Gedanke, dass unsere Realität nicht ausschließlich materieller, sondern ebenso geistiger Natur ist und dass es sich im Menschen mit Körper und Psyche ebenso verhält, spielte für die Rosenkreuzer eine wichtige Rolle. Diese Idee war ebenfalls ungewöhnlich für die damalige Zeit, aber nicht neu. Sie werden diese Vorstellung auch bei den Hermetikern wiederfinden, die unsere Welt in drei Ebenen (materiell, geistig und spirituell) eingeteilt betrachteten. Diesen Gedanken werde ich an gegebener Stelle noch weiter ausführen. In der vertieften Betrachtung und Enträtselung der Natur, so erkannten sowohl die Rosenkreuzer als auch spirituelle Denker unterschiedlichster Kulturen lange vor ihnen, war der Mensch in der Lage, auch sein Wesen zu erkennen und zu enträtseln. Dazu musste er nur lernen, sich nicht als Fremdkörper in der Natur, sondern als Teil eines großen Ganzen zu fühlen.

Zudem gingen die Rosenkreuzer davon aus, dass wir Teil eines ewigen Kreislaufs der Reinkarnation sind, wobei unsere Seele mit jeder Geburt die Gelegenheit bekommt, sich weiterzuentwickeln. Jedes neue Leben bedeutet also eine Chance für Seele und Geist, zu wachsen, während der Körper dabei mehr als Hülle und Werkzeug dient, das am Ende abgelegt wird. Geist und Seele des Menschen ziehen sich daraufhin zurück, bis sie in einem anderen Körper erneut die Möglichkeit bekommen, zu agieren und zu sich innerhalb des Lebens zu entwickeln.

Heute sehen die Rosenkreuzer sich vor allen Dingen dazu verpflichtet, mithilfe ihrer altehrwürdigen gesammelten Weisheiten suchenden Menschen zu helfen, eine Harmonie aus Leben, Spiritualität, Religion und Selbst zu finden.

Zudem haben sie es sich zum Ziel gesetzt, das Christentum zu vervollständigen, indem sie die alten christlichen Lehren mithilfe eines Hauchs von Esoterik ergänzen und erläutern. Sie gehen außerdem davon aus, dass ihre Lehren das Wissen über Vergangenheit, Gegenwart und Zukunft der Menschen bergen. Wichtig sind ihnen außerdem *„innere Verbundenheit von Religion, Wissenschaft und Kunst und die Notwendigkeit,*

Herz und Verstand miteinander zu versöhnen" (www.ro-sen-kreuzer.de).

Um dies zu erfüllen, handeln sie nach folgenden Werten: Sie wollen „*dem Leben das Fundament warmer Herzensgüte [..] verleihen; die versöhnende Zusammen-arbeit von Mensch zu Mensch und Volk zu Volk [unter-stützen]; [der] Pflicht und [dem] Opfersinn [nachkom-men], sich den vom Schicksal getroffenen Menschen hilf-reich zuzuwenden; unsere Liebe gegenüber allen Ge-schöpfen Gottes [äußern].*

Kaltes, intellektuelles Wissen ohne Glauben an Gott und ohne das Bewusstsein der Verantwortung vor einem Höheren und dem inneren Richter führt zu unheilvollen Entartungen und Missbrauch der Gaben und Kräfte der Schöpfung."

Die hermetischen Universalprinzipien

Im Jahre 1908 erschien das „Kybalion". Ein Buch, dessen Hauptinhalt die sieben hermetischen Grundsätze sind, die, wie schon erwähnt, der Schlüssel zu den Lehren der Hermetik sein sollen. Es heißt darin: *„Die Prinzipien der Wahrheit sind sieben; derjenige, der sie kennt und versteht, besitzt den Meister-Schlüssel, durch dessen Berührung sich alle Tore des Tempels öffnen."*

Die Identität des Autors ist bis heute unklar. Einige Stimmen vermuten, dass es William Walker

Atkinson (1862 – 1932), ein US-amerikanischer Kauf-
mann, Anwalt und Autor, gewesen sein könnte. Das
Buch erschien unter dem Pseudonym „Drei Einge-
weihte", was ihm vielleicht noch etwas rascher zu An-
erkennung verhalf. Heute gilt das „Kybalion" als zent-
rales Werk der Hermetik.

In den folgenden Unterkapiteln werden Sie nun
endlich die sieben geheimnisumwitterten Prinzipien
kennenlernen und zu verstehen beginnen. Es ist wichtig zu wissen, dass alle der folgenden Prinzipien aufeinander aufbauen. Zudem wird jedem Prinzip ein erläu-
terndes Axiom zugeordnet, das wörtlich dem Kybalion
entnommen ist. Aufgrund der mehrfachen Überset-
zungen der Zitate und ihrer teils etwas rätselhaften
Formulierungen sind sie meist nicht auf Anhieb leicht
zu verstehen. Ich werde aber versuchen, jedes so gut
wie möglich zu erläutern.

Lassen Sie die einzelnen Prinzipien auf sich wirken. Versuchen Sie, beim Lesen oder Hören präsent zu
bleiben. Vielleicht werden Sie an mancher Stelle spüren können, wie etwas anklingt in Ihnen oder sich
klärt, als würden Sie nicht Neues lernen, sondern sich
an bereits Vertrautes erinnern.

Das ist damit zu erklären, dass es sich im Folgenden nicht um oberflächliche Gesetzmäßigkeiten

handelt, die wir nur rational begreifen können. Diese Weisheiten gehen tiefer. Statt in fremde Sphären führen sie Sie zu sich selbst. Es könnte sein, dass Sie alte Wahrheiten wiederentdecken, die Sie schon so lange nicht mehr gelebt, gedacht und gefühlt haben, dass sie völlig in Vergessenheit geraten sind. Vielleicht haben Sie sie als Kind zuletzt gelebt, nur ohne sich dessen bewusst zu sein. Womöglich mag Ihnen der Zugang dazu aber auch schon sehr früh abhandengekommen sein, weil Sie vielleicht unsicher waren, sich vor allem von außen betrachtet haben und so nicht bei sich, in Ihrer eigenen Mitte, bleiben konnten.

Die folgenden Seiten können Wegweiser sein, um Ihnen den Weg zurück zu sich zu deuten. Den Weg gehen und die Wegweiser Ihrer subjektiven Wirklichkeit anpassen müssen Sie aber natürlich allein. Ich wünsche Ihnen viel Glück und eine spannende Reise.

DAS PRINZIP DER GEISTIGKEIT

„Das All ist Geist; das Universum ist geistig." – Kybalion

Hier ist zunächst wichtig zu verstehen, dass mit dem Begriff „All" nicht das Universum, sondern schlichtweg alles gemeint ist. Alles ist Geist. Das Sichtbare ist nur ein kleiner Teil unserer Realität.

Auch der Begriff „Geist" ist hier nicht als Synonym für unseren Verstand, sondern (viel allumfassender) für das Bewusstsein gedacht.

Dieses Gesetz soll uns vergegenwärtigen, dass Leben und Bewusstsein kein Resultat physischer, sondern geistiger Prozesse sind. Das bedeutet für uns, dass wir Kraft unserer Gedanken, unserer Konzentration, in der Lage sein müssen, unsere Realität maßgeblich zu beeinflussen, wenn nicht gar zu erschaffen.

Unsere Umgebung wird zum Spiegel unseres Inneren. Wonach auch immer Sie sich sehnen, müssen Sie zuerst in sich selbst erschaffen, bevor es auch materiell real werden kann.

Das Prinzip der Geistigkeit bildet die Grundlage für alle folgenden Prinzipien. Es wird auch Prinzip der Schöpfung genannt. Es soll uns bewusst machen, dass wir Schöpfer unserer Wirklichkeit sind. Konzentrieren wir uns auf gute, konstruktive Gedanken, werden automatisch gute Taten folgen und es wird Schönes um uns entstehen.

Anstatt über unserem Alltag zu verzweifeln, uns von äußeren Umständen gefangen und geknechtet zu fühlen, könnte dieses hermetische Prinzip uns dazu inspirieren, einmal innezuhalten, unsere alltäglichen Gedanken und Vorstellungen zu reflektieren und die negativen durch positive zu ersetzen. In Ihrem Job sind Sie unzufrieden, Ihr Chef macht Ihnen das Leben zur Hölle und die Kollegen gehen Ihnen auf die Nerven? Ihre Beziehung enttäuscht Sie oder Sie fühlen sich generell fehl am Platz, als würden Sie das Leben eines anderen leben, während Ihres ungelebt verstreicht? Wer hält Sie dort fest? Wer hat Ihre Realität geschaffen? Es ist Ihr eigenes Hamsterrad negativer Gedanken. Wenn Sie es schaffen, sich daraus zu befreien, kann alles plötzlich ganz leicht erscheinen. Natürlich ist dies nicht einfach und Veränderungen brauchen meistens Zeit – vor allem, wenn man sich in seinem Alltagsrad so richtig eingelaufen hat.

Doch versuchen Sie als Einstieg vielleicht einmal folgendes Experiment: Jeden Abend, beim Einschlafen, suchen Sie sich einen Aspekt Ihres Lebens (oder Ihres Selbst) aus, mit dem Sie unzufrieden sind. Dann konzentrieren Sie sich und stellen sich, bis Sie in den Schlaf gleiten, genau und möglichst detailreich vor, wie Ihr Leben aussehen würde, wenn dieser Aspekt genau Ihren Wünschen entspräche. Wie sähe beispielsweise eine Arbeit aus, die Sie gern verrichten würden? Wie wären die Kollegen, Ihr Chef – oder wären Sie gar selbstständig? Schrecken Sie vor keinem Traum zurück – in Ihren Gedanken ist alles möglich.

Vielleicht sind Sie mit Ihrem Gewicht unzufrieden. Stellen Sie sich vor, wie Sie leben und fühlen würden, wenn Ihr Körper genau Ihren Wünschen entspräche. Wie würde es sich anfühlen, sich in einem Körper zu bewegen, den Sie lieben?

Was würden Sie essen? Würden Sie vielleicht sogar gern Sport treiben? Stellen Sie sich den Wind im Haar vor, wenn Sie am Morgen laufen gehen und das Gefühl danach unter der Dusche.

Vielleicht möchten Sie auch häufiger kreativ sein. Imaginieren Sie einen Alltag, in den Ihre Lieblingsbeschäftigung integriert ist – wie würde sich das anfühlen? Wie würden die Farben riechen, mit denen Sie malen oder das gute Essen, das zu kochen Sie sich endlich die Zeit nehmen?

Gleiches gilt für Ihre Beziehung: Wie gingen Sie mit Ihrem Partner um und wie wäre Ihr Partner zu

Ihnen, wenn Ihre Beziehung perfekt wäre? Wie wäre es, sich noch einmal wie frisch verliebt zu fühlen, einander durch die rosarote Brille zu betrachten? Sie werden bemerken, dass diese abendliche Meditationsübung Sie nicht nur glücklicher einschlafen lässt. Langsam, ganz langsam, aber sehr sicher, werden Sie wahrnehmen, dass Ihr Leben sich verändert. Mehr möchte ich nicht verraten – probieren Sie es aus. Seien Sie mutig, Ihre Gedanken sind frei und mächtiger, als Sie glauben.

Der Gedanke, dass alles unsichtbar miteinander verbunden ist und beeinflusst werden kann, dürfte Ihnen übrigens nicht fremd sein. In der modernen Wissenschaft entspricht er der Vorstellung von Energie, im Hinduismus der des Prana und in anderen asiatischen Kulturen des Chi. In der bekannten Filmreihe Star Wars wird dieser Gedanke besonders deutlich und bildreich aufgegriffen. Dort ist es die Macht, ein unsichtbares, mystisches Energiefeld, das alles Lebendige durchdringt und verbindet.

Einige Wesen sind in der Lage, diese Macht für übernatürliche Fähigkeiten zu nutzen. Auch hier gilt, dass wer die Macht nutzen will, seinen Geist trainieren muss. Ein alter, weiser Lehrer sagt im Film dazu: *„Öffnet euch. Spürt die Macht, die euch umgibt. Eure Sinne* *nutzen ihr müsst."* Und Gleiches gilt tatsächlich auch in unserer Realität. Es ist alles eine Frage der geistigen Präsenz und Konzentration. Dieses Bild kann Ihnen vielleicht helfen, das Prinzip der Geistigkeit zu verinnerlichen.

DAS PRINZIP DER ENTSPRECHUNG

"Wie oben, so unten; wie unten, so oben." – Kybalion

Die Hermetik geht davon aus, dass das Leben aus drei Ebenen besteht. „Unten" ist die materielle Ebene, die für uns sinnlich und körperlich wahrnehmbar ist. Die „Mitte" bildet die Ebene des Geistes, die wir durch unsere Gedanken und Gefühle erfahren und in den Geisteswissenschaften erforschen können. „Oben" ist die spirituelle Ebene, die jenseits des geistigen oder materiellen liegt. Sie ist die formlose, energetische Ebene, die alles durchdringt. Diese Ebene lässt sich bewusst in Stille und Meditation, in der (auch gedanklich) schweigenden Versenkung in sich selbst, erfahren.

Dieses Prinzip führt uns vor Augen, dass alles, was ist, analog zu einer anderen Daseinsform existiert. Das Körperliche findet seine Entsprechung im Geistigen und umgekehrt. Eine moderne Ableitung daraus ist das

Gesetz der Anziehung, das besagt, dass Gleiches das Gleiche anzieht. Wieder bedeutet das für uns: Verändern wir unser Inneres, unsere Gedanken und Gefühle, passt sich die uns umgebende materielle Welt der Veränderung an. Jede Veränderung ist ein schöpferischer, energetischer Akt. Daher ist die spirituelle Ebene mit ihrer alles durchdringenden und verbindenden Energie immer präsent.

Ein anschauliches Beispiel für dieses Prinzip ist die Psychosomatik, die heute auch in der modernen Medizin großenteils tatsächlich anerkannt wird. Jemand, der psychisch leidet, hat häufig auch körperliche Symptome. Stress führt daher häufig zu Kopf- oder Rückenschmerzen, Unglücklichsein kann uns auf den Magen schlagen ... „Das All ist Geist; das Universum ist geistig."

Dauerhafter Stress oder Depressionen können ihren Ausdruck sogar in sehr ernst zu nehmenden körperlichen Beschwerden und Erkrankungen finden. Umgekehrt ist Ihnen sicher das Placebo-Phänomen bekannt. Sind wir überzeugt davon, dass eine bestimmte Sache, ein Medikament, eine Tätigkeit, etc. unseren Zustand verbessern wird, tritt dies meist tatsächlich ein, selbst, wenn sich am Ende herausstellt, dass das Medikament aus medizinischer Perspektive gar keine

Wirkung hätte zeigen dürfen und die Tätigkeit logisch betrachtet in keinem Zusammenhang zu unseren Beschwerden steht.

Möchten Sie also auf materieller Ebene etwas verändern, ist dies wieder eine Frage der geistigen Konzentration. Jede Erfahrung, die wir machen, ist im Grunde genommen nur eine Spiegelung unseres Innern. Sind wir in der Lage, unsere innere Welt der Gedanken und Empfindungen nach unseren Wünschen zu verändern und zu formen, können wir uns auf materieller Ebene tatsächlich als beinahe Magier-ähnlich betrachten. Die Außenwelt spiegelt nur unsere inneren Empfindungen.

Wir betrachten sie aus unserer Emotions- und Gedankenwelt heraus und das Gesehene entspricht immer der darin vorherrschenden Stimmung. Fühlen wir uns schlecht, scheint uns die Welt ein niederträchtiger Ort zu sein und uns scheint darin nur Unglück zu widerfahren. In dieser Stimmungslage sind wir allerdings gar nicht offen für positive Eindrücke oder Geschehnisse. Wir wandern in einer Blase aus Negativität und Pessimismus umher, die uns nur sehen lässt, was unseren Eindruck weiter bestätigt. Ändert sich unsere Stimmung jedoch irgendwann, scheint auch die ganze Welt wie verwandelt.

Sind unsere Gedanken und Empfindungen in Unordnung, fällt es uns zudem auffällig schwer, auf materieller Ebene Ordnung zu halten. Bei vielen Menschen kann man anhand des Zustands ihrer Wohnung, ihres Arbeitsplatzes etc. erkennen, wie es ihnen gerade geht. Herrscht in ihrem Innern dann wieder Ordnung oder eine positivere Einstellung, zeigt sich das auch deutlich in ihrem Wirkungsbereich. Umgekehrt ist es in einer chaotischen Umgebung häufig schwer für uns, klare, geordnete Gedanken zu fassen. Aufräumen kann in einer solchen Situation positive Auswirkungen ungeahnten Ausmaßes haben.

Im Zusammenhang mit dem Prinzip der Entsprechung ist auch interessant zu beobachten, wie in unserem „All" (hier im Sinne der obigen Definition als alles, das uns umgibt) das Große sich im Kleinen und das Kleine sich im Großen widerspiegelt. Teile des Mikrokosmos sind denen des Makrokosmos sehr ähnlich und umgekehrt. Grundstrukturen und Formen finden sich überall wieder. Sehen wir uns beispielsweise ein Atom an, um das Elektronen kreisen, können wir kaum umhin, an Galaxien zu denken, um deren Zentren Sonnensysteme kreisen. Im Mikrokosmos reiht sich ein Atom an das folgende und so weiter. Gleiches sehen wir auch im Makrokosmos, wenn auf Galaxien weitere Galaxien und auf ein Sonnensystem weitere Sonnensysteme folgen, wenngleich uns die Abstände zwischen ihnen riesig erscheinen. Würden wir aber unendlich wachsen, kämen uns diese Abstände natürlich irgendwann völlig normal vor.

Nach den Hermetikern zu handeln ist natürlich, vor allem zu Anfang, nicht leicht. Unsere Gedanken und Gefühle sind häufig unbewussten Ursprungs, da wir in Teilen durch unsere Eltern, frühkindliche Erlebnisse oder Ähnliches vorgeprägt sind. Solche Unbewusstheiten zu erkennen und aufzulösen, dauert oft lange und kann uns mit schwierigen, halb verdrängten Erlebnissen konfrontieren. Diese Mühe ist es sicherlich aber in jeder Hinsicht wert.

DAS PRINZIP DER SCHWINGUNG

„Nichts ist in Ruhe, alles bewegt sich, alles ist in Schwingung." – Kybalion

Dieses hermetische Prinzip besagt, dass aller Stillstand eine Illusion ist. Die moderne Naturwissenschaft stimmt damit zweifelsfrei überein. Selbst das Materielle, das für uns fest und still erscheint, ist in andauernder Bewegung – auf energetischer, bzw. atomarer

Ebene schwingt es. In der Quantenphysik geht man davon aus, dass Materie aus vibrierenden „Strings" besteht und daher nichts jemals im Stillstand sein kann.

Wenn wir diese Erkenntnis nun mit der Vorstellung vereinbaren, dass alles von Energie durchdrungen ist, kommen wir leicht zu dem Schluss, dass Veränderung nur eine Änderung der Frequenz energetischer Schwingungen sein muss. Kombiniert mit dem Prinzip der Entsprechung schlussfolgern wir, dass diese Schwingungen auf den unterschiedlichen Ebenen miteinander resonieren. Eine veränderte Schwingungsfrequenz auf einer Ebene führt zur Änderung der Schwingung auf einer anderen. Uns wird bewusst, dass also nichts konstant sein kann, außer der Veränderung selbst, auch, wenn diese für uns sinnlich kaum oder gar nicht wahrnehmbar sein mag.

Unser Geist beispielsweise ist niemals still, sondern in fortwährender Entwicklung. Wir lernen mit allem, was uns begegnet. Selbst im Schlaf und vor allem in Meditation arbeiten, verarbeiten und formen wir unsere Erfahrungen und so uns selbst. Wenngleich unser Geist in der Stille der Meditation passiv ist, wandelt er sich doch durch sie.

Wissenschaftlichen Studien zufolge hat Meditation sogar messbare Einflüsse auf unser körperliches

Befinden. Es ändert nachweislich die Struktur unseres Gehirns, mindert dadurch unser Stressempfinden, erhöht Konzentrationsfähigkeit und Achtsamkeit und kann helfen, Leiden wie Übergewicht, Migräne und Schlafstörungen zu reduzieren und sogar bei Depressionen, Ängsten, Schmerzen, Herzkreislauferkrankungen und ADHS positive Veränderungen zu bewirken. Vor dem Hintergrund der vorangegangenen Erkenntnisse sollte dies uns allerdings kaum mehr in Staunen versetzen.

In der Hermetik geht man nun davon aus, dass materielle Dinge auf niedrigen und geistige Dinge auf höheren Frequenzen schwingen. Ohne Unterlass senden wir demnach, sowohl bewusst als auch unbewusst, unsere Gefühle und Gedanken in die Welt hinaus – mittels Schwingungen. Gleichzeitig empfangen wir andauernd Schwingungen der Menschen, Tiere und Dinge, die uns umgeben. Die Ausdrucksweise mit jemandem „auf einer Wellenlänge" sein, bekommt hier einen tieferen Sinn.

Dem Prinzip der Schwingung zufolge sind Unterschiede, sowohl auf materieller als auch auf geistiger und energetischer Ebene, nur das Ergebnis unterschiedlicher Schwingungsfrequenzen. Schwingungen können einander beeinflussen und verändern, gleiche

Schwingungen neigen dazu, einander grundsätzlich anzuziehen. Die Schwingungen, die wir aussenden, werden von den Menschen in unserer Umgebung empfangen, interpretiert und bewertet und das vor allem unbewusst.

Wer also lernt, seine Schwingungen bewusst zu manipulieren und entsprechend einzusetzen, dem kann diese Fähigkeit in sozialen Zusammenhängen überraschend leicht zu Erfolg auf unterschiedlichen Ebenen verhelfen. Dazu ist es wichtig, sich bewusst zu machen, dass wir immer das empfangen, was wir aussenden. Eine positive Ausstrahlung hilft uns dabei, positive Menschen anzuziehen, die Sympathie anderer Menschen zu gewinnen und manchmal sogar die Schwingungen einer eher negativen Person positiv zu beeinflussen.

Wir erinnern uns an die Erkenntnis, dass Gleiches Gleiches anzieht. In diesem Zusammenhang bedeutet das, wie schon erwähnt, dass positive Schwingungen Menschen mit ebenfalls positiver Ausstrahlung anziehen, dementsprechend umgekehrt aber negative Schwingungen auch Menschen anziehen, die ebenfalls Negatives ausstrahlen. Dies lässt sich auch auf Situationen übertragen. Bin ich positiv gestimmt, sende ich Schwingungen aus, die positive Situationen anziehen und natürlich auch umgekehrt. Habe ich schlechte Laune, ziehe ich negative Situationen an. Das kann schnell zu einem Teufelskreis werden.

Wenn wir also lernen, unsere Emotionen zu regulieren und uns bewusst für positives Denken zu entscheiden, selbst wenn gerade alles dagegen zu sprechen scheint, kann das nur positive Auswirkungen auf unsere Realität haben. Im Kybalion heißt es: *„Wer das Prinzip der Schwingung begreift, hat das Zepter der Macht ergriffen."*

Um Ihnen den Weg zu einer positiveren Grundeinstellung, und so auch Ausstrahlung, ein wenig zu erleichtern, möchte ich Ihnen im Folgenden einige Affirmationen mit auf den Weg geben. Affirmationen sind Formulierungen, die uns zu positiven Gedanken verhelfen können. Je häufiger und kraftvoller wir sie uns in Erinnerung rufen, je mehr wir uns auf sie konzentrieren, desto größer ihre Wirkung. Um uns auch im Alltag regelmäßig an sie zu erinnern, kann es manchmal helfen, die Affirmationen aufzuschreiben und dorthin zu legen, wo wir im Laufe unserer täglichen Routine über sie stolpern.

Halten wir dann einen Augenblick inne und nehmen die Worte tief in uns auf, sagen sie vielleicht auch vor uns hin und stellen uns dabei genau vor, dass das

Gesagte wahr ist, werden wir innerhalb kürzester Zeit mindestens eine kleine Verbesserung unserer derzeitigen Stimmung fühlen.

Dies sind 24 mögliche Affirmationen:

- Ich bin mutig und voller Vertrauen.

- Ich bin, was ich wähle zu sein.

- Ich bin Liebe. Ich handle in Liebe und werde geliebt.

- Ich bin immer beschützt. Mir wird nichts geschehen.

- Ich bin wertvoll, so wie ich bin.

- Ich liebe und akzeptiere mich, so wie ich bin.

- Liebe und Harmonie erfüllen mein Leben.

- Ich bin umgeben von positiven Menschen.

- Ich fange bei mir an, die Welt zu verändern.

- Ich bin ganz bei mir.

- Ich nehme mich an, wie ich bin.

- Ich öffne mein Herz.

- Ich stelle mich den Herausforderungen mit Freude.

- Ich bin frei wie ein Vogel.

- Ich wähle die Perspektive, aus der ich die Welt betrachte.

- Energie und Freude durchfluten mich.

- Ich lasse los, was mir nicht guttut.

- Ich erschaffe meine Zukunft.

- Ich glaube an mich und meine Fähigkeiten.

- Ich besitze alles, um glücklich zu sein.

- Ich bin genug.

- Ich bin gesund, glücklich und strahle.

- Jeden Tag geht es mir besser und besser.

- Ich lebe das Leben, das ich für mich erschaffe.

- Ich bin glücklich, am Leben zu sein.

- *„Die Macht ist mit mir und ich bin eins mit der Macht"* – Star Wars

Um positives Denken zu erlernen, kann es auch helfen, genauer auf seine Formulierungen zu achten. Wie sprechen Sie beispielsweise zu und über sich selbst? Häufig trauen wir uns zum Beispiel gar nicht, offen stolz auf etwas zu sein oder zu formulieren, dass wir uns gerade schön finden. In unserer Gesellschaft wird solches Verhalten meist mit Arroganz oder Selbstverliebtheit gleichgesetzt. Diese beiden Charaktereigenschaften beinhalten aber eine gewisse Realitätsfremdheit und Irrationalität. Es ist in Ordnung, ja sogar schön, sich manchmal Dinge sagen zu können wie: „Das habe ich gut gemacht, ich bin stolz darauf, was ich geschafft habe." Nur Sie wissen, wie viel Kraft Sie eine Aufgabe gekostet hat. Mancher Aufwand ist von außen gar nicht zu erkennen. Und warum sollten Sie darauf warten, dass jemand Ihnen die Erlaubnis gibt, stolz auf Ihr Geschafftes zu sein?

Eine weitere einfache Methode, um bewusst mehr Lebensfreude zu kreieren, ist das Führen eines Dankbarkeits- oder Lebensfreudetagebuchs. Besorgen Sie sich dazu einfach ein Notizbuch, das Sie schön finden oder vielleicht sogar einfach selbst gestalten können (Sie könnten das Cover zum Beispiel mit Bildern, Symbolen und Worten verzieren, die für Sie einen positiven Wert haben, Ihnen Kraft und Lust aufs Leben vermitteln). In diesem Buch schreiben Sie nun jeden Tag Dinge auf, für die Sie dankbar sind, die Sie heute glücklich gemacht oder zum Schmunzeln gebracht haben. Einfach alles, was positive Emotionen in Ihnen angeregt hat und an das Sie sich gern und mit Freude erinnern möchten.

Unser Gehirn speichert nämlich grundsätzlich eher negative Erlebnisse ab, da es ihnen meist mehr Wichtigkeit zuschreibt. Das hat uns Menschen lange Zeit geholfen, Fehler in Zukunft zu vermeiden, bzw. sie nicht zu wiederholen. Gerieten wir zum Beispiel durch bestimmtes Vorgehen auf der Jagd in Gefahr, während eine andere Strategie uns Vorteile verschaffte, war die negative Erfahrung des In-Gefahr-Geratens ein wenig wichtiger für uns, um in erster Linie nicht unser Leben zu verlieren.

Uns positive Erlebnisse zu merken, war zwar definitiv nicht bedeutungslos, negative Erfahrungen in Erinnerung zu behalten aber existenziell. Heute steht uns dieser Mechanismus eher im Weg, da wir so dazu neigen, das Leben tendenziell etwas misstrauischer und negativer zu betrachten, als es womöglich tatsächlich ist.

DAS PRINZIP DER POLARITÄT

„Alles ist zweifach; alles hat zwei Pole, alles hat sein Paar an Gegensätzlichkeiten; gleich und ungleich ist dasselbe; Gegensätze sind identisch in der Natur, nur verschieden im Grad; Extreme berühren sich; alle Wahrheiten sind nur halbe Wahrheiten; alle Widersprüche können miteinander in Einklang gebracht werden." – Kybalion

Das Prinzip der Polarität besagt, dass Dinge zwar in ihrem materiellen Ausdruck ungleich sein können, in ihrer Essenz jedoch eins sind. Diesem Gesetz zufolge kann nichts ohne seine entsprechende Gegenseite existieren. Wir neigen dazu, unsere Welt zu zertrennen und die Dinge als positiv oder negativ zu bewerten.

Betrachten wir jedoch altbekannte Gegensätze wie Tag und Nacht, Hell und Dunkel, Wärme und Kälte, ja sogar Liebe und Hass, fällt auf, dass all diese Dinge nur scheinbar gegensätzlich sind. In Wahrheit sind sie eng verbunden und nur Pole ein und derselben Sache, die wir zu trennen und zu bewerten beschlossen haben. Tag und Nacht sind Tageszeiten, Hell und Dunkel sind Lichtverhältnisse, Wärme und Kälte sind unterschiedlicher Ausdruck von Temperatur und Liebe und Hass nur zwei Enden des menschlichen Gefühlsspektrums.

So hebt dieses Gesetz also unsere Illusion auf, dass alles voneinander getrennt ist. Praktisch gesehen enthebt es uns auch der Möglichkeit, etwas als positiv oder negativ zu bewerten. Wenn alle scheinbaren Gegensätze in Wahrheit nur zwei Seiten ein und derselben Medaille sind, können weder Leid noch Glück existieren. Es bleibt nur die Wirklichkeit. Alle Wertungen sind Produkte unseres Geistes. Ob wir eine Erfahrung oder einen Umstand als positiv oder negativ bewerten, ist uns überlassen. In allem vermeintlich Negativen liegt Positives, wie in vermeintlich Positivem Negatives liegt.

Diese Erkenntnis können Sie sich bewusst zunutze machen. Da Sie nun wissen, dass alles, was Sie als schlecht bewerten, zwangsläufig auch eine gute Seite haben muss, können Sie, wenn Sie das nächste Mal eine Wertung vornehmen (und das tun wir andauernd, es ist uns kaum noch bewusst), gezielt danach suchen. Ihre Realität wird plötzlich viel leichter, freier und bunter wirken. Sie können auf diese Weise lernen, mit vermeintlich negativen Umständen und Erfahrungen viel leichter und konstruktiver umzugehen, sie sogar in positive zu transformieren. Wenn Sie Ihren Geist dahin gehend genügend trainieren, wird dies bald beinahe wie von selbst geschehen und Ihnen ganz automatisch zu mehr Gelassenheit, Glück und der Fähigkeit zu ruhiger, objektiver Reflexion verhelfen.

Dabei könnte Ihr endgültiges Ziel sogar sein, gar nicht mehr urteilen zu müssen. Stellen Sie sich vor, Sie könnten einfach annehmen, was ist. Lässt Sie nicht allein diese Vorstellung schon tief durchatmen? Beobachten Sie sich einmal in Ihrem Alltag. Beginnen Sie, indem Sie alles, was Ihnen schlecht erscheint, alles, was Sie verurteilen, in Positives zu transformieren versuchen. Zuerst reichen kleine gute Aspekte, die Sie in den Dingen finden. Mit der Zeit wird es leichter werden, bis Sie alles in seinem tatsächlichen Sein sehen und annehmen können. Sie werden beginnen, das zu sehen, was wirklich ist, fern Ihrer eigenen Beurteilung.

In der Bibelgeschichte verloren Adam und Eva ihr Paradies, indem sie einen Apfel vom Baum der Erkenntnis aßen, der sie lehrte, Gut und Böse zu unterscheiden. Womöglich lag das Paradiesische des Garten Edens vor allem in der Urteilsfreiheit, die sie auf diese Weise verloren. Vielleicht können wir uns daher ein wenig Paradies auf Erden zurückerobern, indem wir uns in der Urteilslosigkeit üben. Einen Versuch ist es allemal wert.

Das Prinzip der Polarität kann uns zudem lehren, dass es wichtig ist, eine Sache als Ganzes zu betrachten und als solche, mitsamt ihrer Schattenseite, anzunehmen. Beziehungsweise zeigt es uns, dass es unmöglich ist, ganz gleich was, zu wollen oder zu lieben, ohne auch dessen Schattenseite zu kennen und ihr Vorhandensein zu respektieren. Was damit gemeint ist, lässt sich am Beispiel einer Liebesbeziehung bzw. am Unterschied zwischen Verliebtheit und Liebe, darstellen. Stellen Sie sich vor, Sie lernen jemanden kennen, in den Sie sich Hals über Kopf verlieben. Automatisch idealisieren Sie diese Person ins Unermessliche, Ihr Gehirn ist nämlich darauf programmiert, Sie in dieser Phase an den (potenziellen) Partner zu binden. Ihre „rosarote Brille" lässt Sie ausschließlich die positiven Eigenschaften Ihres Gegenübers wahrnehmen.

Nach einigen Monaten des Zusammenseins lässt es jedoch langsam wieder Realität zu und es kommt wahrscheinlich zu den ersten Reibereien mit Ihrem Partner. Der rosa Nebel der letzten Monate lichtet sich und zum Vorschein kommt ihr beider wahres Gesicht. Zu diesem Zeitpunkt trennen sich viele Paare wieder, weil sie erkennen, dass ihnen dort nicht der utopische Traumpartner, sondern ein ganz normaler Mensch mit seinen Ecken und Kanten gegenüber steht. Sie sind enttäuscht, versuchen Sie ihr Glück ein weiteres Mal und Sie werden wahrscheinlich wieder enttäuscht sein, wenn das Geschehene sich wiederholt. Den Partner ihrer Träume, den Menschen ohne dunkle Seite, gibt es nicht. Das Verschwinden der „rosa Brille" bietet allerdings auch eine wunderschöne Chance: die Chance auf Liebe.

Wenn Sie sich an diesem Punkt beide entscheiden zu bleiben, sich trauen, Ihren Partner so zu sehen und vollständig anzunehmen, wie er ist, samt seinen Abgründen, dann kann aus dieser Entschei–dung eine wahre, tiefe und vor allem ehrliche Liebe erwachsen. Dies erfordert Mut. Wenn Sie sich nun füreinander entscheiden, dann entscheiden Sie sich zwar für Liebe, Glück, Zärtlichkeit und eine Menge weitere positive Attribute. Andererseits nehmen Sie aber auch willentlich Schmerzen vieler Art in Kauf – den Gegenpol zum Glück jeder noch so wunderbaren Beziehung.

Wenn Ihnen das bereits im Vorhinein im Klaren ist, werden Sie sich im Laufe der Zeit in jeder schwierigen Situation, die Sie mit Ihrem Partner durchleben, sagen können, dass Sie sich bewusst genau hierfür entschieden haben. Sie haben sich für Ihren Partner als vollständiges, hochkompliziertes menschliches Individuum entschieden und nicht nur für ausgewählte Aspekte seiner Persönlichkeit, die Ihnen zufällig zusagten. Mit diesem Bewusstsein wird es Ihnen leichter fallen, auch Krisensituationen gemeinsam zu überstehen. Es bildet einen bedeutsamen Grundstein für eine langlebige Beziehung.

Ähnlich verhält es sich auch in anderen Bereichen, wie zum Beispiel in Ihrem Beruf. Alles hat eine Kehrseite. Wenn Sie sich für die positiven Aspekte einer Sache entscheiden, sollten Sie sich auch über deren Schattenseite im Klaren sein, sich auch bewusst für sie entscheiden, um nicht später davon überrumpelt und enttäuscht zu werden.

DAS PRINZIP DES RHYTHMUS

„Alles fließt aus und ein, alles hat seine Gezeiten, alle Dinge steigen und fallen, das Schwingen des Pendels zeigt sich in allem; das Maß des Schwungs nach rechts ist das Maß des Schwungs nach links; Rhythmus gleicht aus" – Kybalion

Dieses Prinzip erweitert das soeben beschriebene Prinzip der Polarität. Auf materieller Ebene ist deutlich nachvollziehbar, was hier gemeint sein mag. Das Spiel der Gezeiten, Tag und Nacht, der Kreislauf der Jahreszeiten oder auch der ewige Kreislauf des Lebens aus Entstehen und Vergehen, zeigen es uns. Der Rhythmus schafft die Balance. Alles findet wieder seinen Ausgleich. Jeder Zustand ist vorübergehend.

Deutlich wird dies häufig auch auf emotionaler Ebene. Wenn Sie folgendes Phänomen nicht von sich selbst kennen, so haben Sie es bestimmt schon bei anderen beobachtet: Je glücklicher ein Augenblick oder eine Reihe von Tagen, desto niederschmetternder das darauffolgende Tief – und es folgt bestimmt. Kaum ein Beispiel illustriert dieses Prinzip eindrucksvoller.

Schlägt das Pendel stark zur einen Seite aus, schwingt es entsprechend heftig wieder zurück.

Vielleicht gehören auch Sie zu den Menschen, für die es sich anfühlt, als wären sie diesem endlosen Gewoge aus Hochs und Tiefs völlig hilflos ausgeliefert. Befinden Sie sich gerade in einer emotionalen Hochphase, erwarten Sie schon misstrauisch das unvermeidbar folgende Tief und können den Glückszustand kaum ungetrübt auskosten. Sie wissen, dass Sie sich zwangsläufig bald wieder kraft-, mut- und lustlos, ja deprimiert und schlecht gelaunt fühlen werden.

Hier kann das Prinzip des Rhythmus Ihnen helfen, sich der scheinbaren Willkür Ihrer Launen nicht so sehr unterworfen zu fühlen. Versuchen Sie in solchen Momenten, sich dieses Prinzip zu vergegenwärtigen und sich Ihrer Emotionen bewusst zu werden.

Wie alles in der Natur sind auch Sie Ihren eigenen Gezeiten unterworfen. Das ist völlig in Ordnung. Beobachten Sie Ihren Rhythmus, Ihr persönliches Aus und Ein. Versuchen Sie, es zu verstehen, statt es zu verfluchen oder sich gewaltsam dagegen aufzulehnen. Je mehr Sie Ihren Rhythmus zu verstehen beginnen, können Sie lernen, ihn vorauszusagen und ihn in Ihr Leben zu integrieren. Sobald Sie beginnen, mit Ihrem Rhythmus zu leben, statt gegen ihn und er Sie nicht mehr unvorbereitet aus der Bahn werfen kann, können Sie sogar lernen, ihn für sich zu nutzen.

Erlauben Sie sich zum Beispiel, sich in einer Tiefphase ein wenig zurückzuziehen. Nehmen Sie sich weniger vor, sorgen Sie gut für sich und nutzen Sie die Zeit zum Beispiel zur Reflexion, zu langen Spaziergängen, Meditation, ... Zu allem, wofür Sie in der Hektik des Alltags oder in aktiveren Hochphasen keine Zeit und nicht genügend Ruhe finden. Sie können eine Tiefphase auch zum Anlass nehmen, sich selbst dafür wertzuschätzen, was Sie während Ihrer Hochs so alles auf die Beine stellen. Gönnen Sie sich etwas, das Sie gernhaben, tun Sie Dinge einmal nur für sich, ganz ungestört und in Ruhe. Schließlich müssen Sie sich nicht anstrengen, um wieder in ein Hoch zu kommen. Dafür sorgt das Prinzip des Rhythmus allein – auf die Gezeiten ist Verlass.

Sie können auf diese Weise lernen, zwar tief zu empfinden, sich dennoch aber nicht überrollen zu lassen. Wenn nun gerade doch eine Tiefphase Sie negativ überwältigt hat, kann Ihnen vielleicht auch der oben erwähnte Gedanke hilfreich sein, dass jeder Zustand vorübergehend ist – nicht nur glückliche Stimmungslagen.

DAS PRINZIP DER KAUSALITÄT

„Jede Ursache hat ihre Wirkung, jede Wirkung ihre Ursache, alles geschieht gesetzmäßig, Zufall ist nur der Name für ein unbekanntes Gesetz. Es gibt viele Ebenen der Ursächlichkeit, aber nichts entgeht dem Gesetz.“ – Kybalion

Dieses Prinzip führt uns vor Augen, dass nichts aus Nichts geschehen kann. Das Universum ist vollständig von Gesetzmäßigkeiten durchdrungen. Alles, was geschieht, muss zwangsläufig eine Ursache haben. Zufall ist völlig ausgeschlossen – er deutet nur auf ein Gesetz hin, welches wir (noch) nicht kennen oder (noch) nicht berechnen können. Im Grunde ist jedoch alles berechenbar. Diese Tatsache, sofern wir sie uns bewusst machen, ermöglicht uns sowohl eine enorme Weitsicht als auch die Fähigkeit zur intelligenten Rekonstruktion der Vergangenheit. Außerdem kann sie uns zur Selbstreflexion verhelfen.

Vergegenwärtigen Sie sich, dass die Gegenwart die Ursache Ihrer Zukunft ist, wird es Ihnen leichter fallen, gegenwärtige Entscheidungen achtsamer zu treffen. Wie können Sie gegenwärtig handeln, um eine Zukunft zu schaffen, die Ihnen gefallen wird? Welche

Prioritäten wollen Sie setzen? Möchten Sie sich zu mehr Luxus verhelfen oder ist Ihnen in Wahrheit ein freies, ungebundenes Leben wichtiger als das? Auch diese weitreichende Selbstreflexion wird Ihnen helfen, das Leben zu kreieren, das Sie sich wirklich wünschen.

DAS PRINZIP DES GESCHLECHTS

„Geschlecht ist in allem, alles hat männliche und weibliche Prinzipien, Geschlecht offenbart sich auf allen Ebenen." – Kybalion

Dieses Prinzip bezieht sich nur im entfernteren Sinn auf Sexualität. Primär geht es hier eher um maskuline und feminine Qualitäten auf der geistigen Ebene.

Auf der maskulinen Seite gehören dazu beispielsweise Rationalität, Aktivität und Entschlossenheit, die feminine Seite wartet dagegen mit Sensibilität, Kreativität, Intuition und Passivität auf. Erinnern wir uns an das Gesetz der Polarität: Erst aus der Vereinigung zweier Pole / scheinbarer Gegensätzlichkeiten, kann etwas Ganzes entstehen. Das gilt auch hier: Die maskuline Seite allein ist weder vollkommen noch ausbalanciert. Es bedarf immer beider Pole – auch im Menschen.

In der Hermetik geht man davon aus, dass die männliche Seite der Antrieb, die Idee ist, zur Umsetzung ihrer Vorstellungen aber den weiblichen, schöpferischen Anteil benötigt. Beide Seiten sind daher unbedingt aufeinander angewiesen und völlig abhängig voneinander. Ohne die weibliche schöpferische Energie könnte die männliche Idee nicht zur Umsetzung kommen, während die weibliche Kraft ohne den männlichen Antrieb passiv und ohne seine Struktur ziellos wäre und nichts Eigenes erschaffen könnte.

Laut dem Schweizer Psychiater und Begründer der analytischen Psychologie, Carl Gustav Jung, trägt jeder Mensch, mehr oder weniger bewusst, sowohl männliche als auch weibliche Aspekte in sich, die ihren Ausdruck finden wollen. Erst im Zusammenspiel beider Pole kann der Mensch demnach sein volles Potenzial entfalten. Betrachtet man uns Menschen als kollektiv, lässt sich retrospektiv beobachten, dass über lange Zeit die männlichen Qualitäten dominierten.

Langsam tritt aber ein Wandel ein – die sanfteren, weiblichen Attribute werden allgemein anerkannt und, ebenso wie die männlichen, als hilfreich angesehen. Diese Veränderung kann dem Einzelnen helfen, die weiblichen Anteile in sich nicht als schwach zu verteufeln, sondern sie anzunehmen und für sich zu nutzen.

Auch für uns als Menschheit wäre dies ein großer Fortschritt.

Besonders bildhaft findet das Prinzip des Geschlechts seinen Ausdruck im daoistischen Symbol „Yin und Yang". Hier stehen sich schwarz und weiß / männlich und weiblich nicht wie konkurrierend gegenüber, sondern ergeben erst in der Vereinigung einen harmonisch geschlossenen Kreis. Im sehr ähnlichen Symbol „Taijitu", auch „individuelles Yin und Yang" genannt, hat der schwarze Teil sogar einen weißen und der weiße einen schwarzen Anteil. Dieses Bild veranschaulicht einmal mehr die Unvollkommenheit des einen Pols ohne den anderen.

Wir neigen meistens dazu, vor allem die männliche Seite in uns zu stärken, da sie uns ein Gefühl von Sicherheit und Kontrolle vermittelt, während die weibliche Seite gesellschaftlich tendenziell als inakzeptabel, eben schwach und unsicher, betrachtet wird. Langfristig kann diese Haltung allerdings zu dauerhaftem Stress und zu einer inneren „Verhärtung" führen. Wir verlieren dann die Fähigkeit, uns auf Menschen und Situationen einzulassen, zu vertrauen, und folgen nur der Rationalität, da sie uns als einzig sichere Burg erscheint. Doch die Burg ist ein Gefängnis, das viele, auch besonders schöne Aspekte unseres Lebens nicht hinein und Facetten unserer Persönlichkeit nicht hinaus lässt. Zwangsläufig fühlen wir uns rastlos, kalt und unvollkommen. Die weibliche Seite in sich zu erkennen und anzuerkennen erfordert Mut, doch beschenkt uns mit einer sanften, intuitiven Kraft, die Raum lässt für Kreativität und Selbsterfahrung.

Mithilfe von Yoga und gezielten Bewusstseinsübungen können wir selbst ganz leicht unsere männliche und weibliche Seite wieder in Harmonie miteinander bringen, wenn sie aus dem Gleichgewicht geraten sind.

Im Gehirn ist die linke Hälfte für unseren männlichen Anteil und dessen Qualitäten zuständig, während die rechte Hälfte für unsere Weiblichkeit einsteht. Auf unseren Körper übertragen, läuft das Ganze über Kreuz: Unsere linke Körperhälfte ist die weibliche, intuitive Seite, während unsere rechte Hälfte den männlichen, zielstrebig rationalen Anteil birgt. Um sich Ihren weiblichen Anteil wieder mehr ins Bewusstsein zu rufen, spüren Sie im Alltag einmal ganz bewusst häufiger in die linke Hälfte Ihres Körpers hinein. Das allein wird Ihnen schon langsam zu mehr Gefühl für Ihren weiblichen Pol vermitteln.

Auch kreativ zu werden kann helfen. Malen und schreiben Sie zwischendurch, auch wenn Sie sich zu Anfang vielleicht gar nicht danach fühlen und all das als Zeitverschwendung erachten.

Nehmen Sie sich Zeit zum Loslassen und Entspannen, zum Weichsein. Geben Sie sich Raum, um auch einmal irrational zu handeln, auf Ihr Bauchgefühl zu vertrauen, sich einmal ganz intuitiv leiten zu lassen und schauen Sie, wohin Sie das führt.

Wenn Sie zu Anfang wenig Vertrauen haben, nehmen Sie sich bewusst etwas Freizeit, in denen die Entscheidungen, die Sie intuitiv treffen, keine schwerwiegenden Konsequenzen haben und seien Sie mutig, sich auszuprobieren. Vielleicht haben Sie sich noch gar nicht richtig kennengelernt – mag sein, dass Qualitäten in Ihnen schlummern, die Sie bisher verdrängt und daher gar nicht wahrgenommen haben.

Besonders gut lassen sich männliche und weibliche Seite übrigens beim freien Tanzen in Einklang bringen. Hier können Sie ganz Ihrer Intuition folgen, Ihre Bewegungen weich oder wild werden lassen, jede

Bewegung voll auskosten, die Ihnen gerade guttut. So finden Sie leicht in Ihre Harmonie zurück.

Herstellung und Verlag:
BoD – Books on Demand, Norderstedt
ISBN: 9783753478166

1. Auflage
Kontakt: Psiana eCom UG/ Berumer Str. 44/ 26844 Jemgum
Covergestaltung: Fenna Larsson
Coverfoto: depositphotos.com